AF452998

LA PÊCHE COTIÈRE

Paris. — Imp. de P.-A. BOURDIER et Cie, rue des Poitevins, 6.

MARINE NATIONALE

MÉMOIRE

SUR L'ÉTABLISSEMENT

D'UNE INSTITUTION FINANCIÈRE DE CRÉDIT

En vue d'améliorer la condition commerciale

DES MARINS FRANÇAIS

ENGAGÉS DANS L'INDUSTRIE DE

LA PÊCHE COTIÈRE

DÉDIÉ AUX MARINS

PAR

M. A. THOMÉ DE GAMOND

INGÉNIEUR CIVIL.

Menté, Corde, Manu.

PARIS

LIBRAIRIE SCIENTIFIQUE, INDUSTRIELLE ET AGRICOLE

Eugène LACROIX, Éditeur

LIBRAIRE DE LA SOCIÉTÉ DES INGÉNIEURS CIVILS

15, QUAI MALAQUAIS

1866

MARINE NATIONALE

PÊCHE COTIÈRE

Nous nous proposons d'examiner sous ses différents aspects la condition d'une partie importante de la population française. celle qui réside sur nos frontières maritimes et se trouve naturellement consacrée à l'exploitation des mers.

Nous rechercherons en même temps les moyens pratiques d'améliorer le sort des marins voués à la grande industrie de la pêche côtière [1].

1. Ce travail a déjà paru partiellement dans l'*Opinion nationale*, du 6 octobre 1865 au 8 janvier 1866, sous le pseudonyme de *Savigny*.

CHAPITRE PREMIER

SUBSISTANCES

CHAPITRE PREMIER

SUBSISTANCES

Deux intérêts publics d'ordre supérieur se rattachent au développement de la pêche côtière.

Le premier, tout politique, c'est l'augmentation de la puissance navale de la France, par l'accroissement de la population spéciale vouée à la marine marchande et à la pêche.

Le second, tout économique, c'est l'approvisionnement plus abondant d'une denrée alimentaire qu'il importe de répartir à bon marché sur tous les points du territoire.

La population des marins ne pouvant se recruter qu'au moyen de sujets élevés dès l'enfance au dur métier de la mer, un accroissement considérable du personnel maritime ne pourrait s'obtenir que de deux manières :

D'abord en maintenant autant que possible dans la profession, par des avantages plus grands, ceux des fils des marins qui en sont aujourd'hui détournés en vue de carrières plus lucratives.

Ensuite en attirant dans la marine les enfants des familles du littoral actuellement étrangères à cette industrie.

Quand Sully disait que le pâturage et le labourage étaient les deux mamelles nourricières de la France, ce grand ministre énonçait évidemment une maxime incomplète, car les deux fonctions économiques qu'il désignait ainsi se rapportent à une seule et même origine de l'alimentation publique : l'agriculture.

Les deux grandes sources nourricières de
la France sont donc réellement l'AGRICULTURE
et la MARINE.

C'est ainsi que le comprit Colbert, lorsqu'il
donna à l'industrie de la mer une impulsion
égale à celle que Sully avait tenté d'imprimer
à l'agriculture. Nous n'avons pas besoin de
faire ressortir les avantages politiques de l'inscription maritime dont le génie sévère de
Colbert avait doté la France. Nous aurons
bientôt à rappeler les mesures que les divers
règnes et l'administration actuelle ont dû
prendre pour conserver à notre pays, en mo-
difiant sa rigueur selon les progrès modernes,
cette grande institution tutélaire de nos frontières océaniques, enviée par les autres
gouvernements qui ne pourraient plus aujourd'hui l'adapter aux mœurs de leurs populations.

La principale de nos industries alimentaires, l'agriculture, prépare et élabore ses produits au prix d'une combinaison complexe de travaux opiniâtres, longtemps soutenus, travaux dont l'exercice constitue la plus importante de nos fonctions sociales.

Notre deuxième grande industrie alimentaire, la pêche, l'auxiliaire et le complément nécessaire de l'agriculture, s'exerce dans des conditions beaucoup plus simples. Les produits de la mer sont généralement considérés comme une moisson sans limites, qu'il suffit de récolter et qui se récolte en effet dans la mesure des efforts faits par les pêcheurs pour l'obtenir.

Toutefois on s'est demandé depuis longtemps, avec quelque apparence de raison, si cette fécondité de la mer ne pouvait avoir ses bornes, et on a exprimé la crainte de la voir diminuer par un plus grand développement de l'industrie des pêches. Pour protéger la multiplication du frai sur les plages du littoral, on a prescrit diverses mesures de police analogues à celles qui protégent la reproduction du gibier et du poisson des rivières.

Dans ces derniers temps on est allé plus loin. On a fait avec succès des expériences nombreuses sur la fécondation artificielle des poissons, expériences qui ont permis d'entrevoir la possibilité d'une action directe sur la production même de cette source précieuse de l'alimentation publique.

De là est née la pisciculture, ou pour mieux dire l'AQUICULTURE, l'ensemencement et l'aménagement des animaux qui peuplent les eaux : opération autrefois limitée, que l'ambition de l'homme aspire aujourd'hui à étendre à l'immense domaine des mers.

Nous aurons l'occasion d'entretenir nos lecteurs de ce sujet plein d'intérêt, parmi les questions qui se rattachent à la pêche cô-

tière, et que nous examinerons dans l'ordre
suivant :

> Le poisson peut-il manquer ?
> Les huîtrières ;
> Les crustacés ;
> Condition légale des marins ;
> Condition commerciale des pêcheurs ;
> Matériel des pêcheurs ;
> Produit général des pêches ;
> Commerce des poissons ;
> Conclusion.

Notre position indépendante nous permet
de signaler avec une sincérité impartiale les
abus qui amoindrissent, au profit de quelques intermédiaires, les salaires d'une population de courageux travailleurs.

Nos efforts tendront surtout à rechercher,
comme solution pratique de la question, les
moyens d'améliorer la *condition commerciale*
des marins employés à la pêche, et de diminuer les obstacles qui entravent l'arrivée et la

vente à bon marché du poisson frais sur tous
les points de l'intérieur.

Dans cet examen, nous ne cesserons d'a-
voir en vue la prospérité maritime et commerciale du pays, l'augmentation d'une ressource importante pour l'alimentation publique et, par-dessus tout, l'accroissement
naturel de la puissance nationale.

CHAPITRE II

LE POISSON PEUT-IL MANQUER?

CHAPITRE II

LE POISSON PEUT-IL MANQUER?

Il existait de temps immémorial une législation assez confuse sur la police des pêches. Ce régime, autrefois restrictif à l'excès, a subi de jour en jour de notables amendements, à mesure que l'observation est venue porter la lumière sur les conditions dans lesquelles s'accomplit la production des diverses espèces de poissons.

Au moyen de notions plus précises sur la fécondation des poissons, des coquillages et des crustacés, on entrevoit la possibilité d'entourer leur premier âge d'une protection plus

intelligente, capable de les préserver d'une
destruction précoce et de favoriser même dans
une immense mesure le repeuplement.

Les poissons de mer comme ceux de rivière
frayent généralement sur les plages peu profondes. Ces plages se relient par une incli-
naison plus ou moins douce aux abîmes de
l'Océan. Les poissons, nés sur le haut de ces
pentes, les descendent peu à peu et s'avancent
vers le large, à mesure que leur âge et un
développement plus complet leur permettent
de fréquenter un plus grand fond d'eau.

Telle est, à peu d'exceptions près, la loi
générale du repeuplement des côtes, et cette
loi, depuis longtemps connue dans son ensemble sinon dans ses détails, avait servi de
base à des règlements de police, tant bien que
mal observés.

On conçoit quelle importance il peut y avoir
à protéger, contre l'usage intempestif d'engins

destructeurs, cette zone féconde du littoral où s'accomplissent les incubations, les éclosions et le développement des poissons dans leur jeune âge.

La garde et la surveillance de la zone maritime où naissent et s'élèvent pendant les premiers mois les générations nouvelles de poissons, telle paraît donc être la principale base d'une bonne police des pêches.

Les notions précises et expérimentales sur la reproduction des poissons ne datent que de quelques années. Elles sont dues aux savants travaux de M. Coste, professeur d'embryogénie au Collége de France, et membre de l'Institut.

La science, en donnant le signal de tous les grands progrès contemporains, devait aussi porter la lumière dans l'industrie des pêches, qui était avant tout, dit M. Coste, une question d'histoire naturelle.

Mais la science aime aussi la liberté. Elle ne pouvait rester indifférente en présence des restrictions réglementaires qui entravaient le développement d'une de nos plus belles industries nationales.

Le grand cri d'émancipation des marins fut poussé par M. Coste, au nom de la démocratie moderne, fille du travail. Le règne qui avait proclamé le libre échange devait être aussi, dans la pensée du célèbre académicien, celui de la rédemption des populations maritimes.

Ce fut lui qui suggéra en même temps à l'administration l'idée d'aliéner les rivages de la mer, comme moyen de créer des richesses nouvelles et de transformer l'inscription en conscription maritime.

Cette mesure consistait à concéder temporairement au capital, en réservant toujours la main-d'œuvre aux marins associés, les parties disponibles du domaine maritime, susceptibles de constituer de grandes ou de petites exploitations.

Puis, avec une audace autorisée par le grand savoir et qui n'est égalée que par la majesté du style, le digne professeur, devenu aussi inspecteur général des Pêches, indiqua et appliqua les principes de la création de laboratoires viviers pour la fécondation artificielle des poissons et l'ensemencement direct des eaux littorales de l'Océan.

« L'excédant de la semence tombée de ces laboratoires organisés en fabriques de substance alimentaire se répandra au large, entraîné par les courants, descendra jusqu'aux vallées sous-marines, pour y remplacer les générations adultes que les filets y récoltent, et la liberté de la mer sera le dernier mot de cette gigantesque entreprise sur la nature vivante[1]. »

Voici en quels termes l'illustre académicien rendait compte de ses observations à ses collègues de l'Institut :

« Les expériences auxquelles je me livre depuis longtemps ont démontré que la mise en culture de la mer et son exploitation peuvent être entièrement organisées sur le rivage et dans l'intérieur des terres, ici par la transformation des fonds émergents en champs producteurs de coquillages, là par la création de vastes piscines où les espèces comestibles seront soumises au régime du bercail.

« Les zones où se concentrent les généra-

1. *De l'aliénation des rivages*, etc., Mémoire de M. Coste. Juillet 1863.

tions naissantes sont bien réellement voisines des rivages. Les explorations auxquelles
j'ai soumis depuis plusieurs années diverses
régions de notre littoral de l'Océan ne laissent aucun doute à ce sujet.

« C'est au printemps, et toujours dans les
mêmes lieux, que l'on voit surgir sur les
plages où ces phénomènes s'accomplissent,
des tourbillons de microscopiques poissons
plats de toutes les espèces, la raie exceptée.
Les eaux en sont chargées jusqu'au rivage.
Elles en laissent souvent à sec sur le sable,
où ils s'enfouissent instinctivement, en attendant le retour du flot.

« Pour donner une idée de l'abondance de
ces pépinières, il me suffira de rappeler ce
que j'ai vu sur celle de Saint-Wast.

« Là, dans un parcours de dix lieues, la
plage forme un vaste cantonnement où les
jeunes générations prennent leurs quartiers

d'été. Elles s'y accumulent en telle profusion
que, d'avril en septembre, d'après les calculs
de mes expériences répétées, les pêcheurs
de chevrettes grises détruisent chaque année,
et pour un bien modique bénéfice, plus de
deux cent millions de petits turbots, de petites soles, de petites barbues, etc.

« Il m'est arrivé souvent d'en faire prendre environ mille à l'heure par un seul
homme, poussant un simple havenet, comme
un filet à papillons.

« Quand viennent les premiers froids, ces
agglomérations se dissolvent. Elles gagnent
les eaux profondes, afin d'y trouver une tem-
pérature plus douce.

« En révélant ces phénomènes, la science
montre comment, à une réglementation complexe et restrictive, doit succéder une législation simple, qui portera de préférence sur
la pêche à pied, au bénéfice de la pêche au

large, et qui conduira peu à peu à la liberté de la mer; comment, à une police gênante et universelle, succédera la seule protection des champs reproducteurs de coquillages et des pépinières de repeuplement.

« La progéniture des espèces comestibles est tellement abondante que, si tous les individus qui constituent ces innombrables phalanges parvenaient à l'âge adulte, les eaux natales ne suffiraient pas à les nourrir. Mais leur insuffisante agilité ne leur permettant pas de se dérober à la poursuite de leurs ennemis, la destruction en est immense. Dès qu'on ouvrira les réservoirs, le flot les portera dans ces enclos conservateurs comme une manne ignorée dont le génie de l'homme fera une inépuisable moisson. »

Cet exposé lucide des richesses de la mer et des moyens de les augmenter est de nature à rassurer les personnes qui sembleraient craindre que le poisson pût manquer aux pêcheurs dans le cas d'un grand développement de leur industrie.

Les travaux de M. Coste éveillèrent l'intérêt de la Société d'Acclimatation qui confia, en 1863, à l'un de ses membres, M. le docteur Anatole Gillet de Grandmont, la mission d'aller étudier sur place la fécondation artificielle des poissons, au point de vue de son application industrielle.

Ce savant naturaliste commença par visiter le laboratoire d'aquiculture fondé par M. Coste dans la baie de Concarneau. Il inspecta ensuite les viviers à poissons et à crustacés établis déjà sur le littoral de l'Océan, les moulières de la baie de l'Aiguillon, les huîtrières de Marennes et de l'île de Ré. M. Gillet de Grandmont constata les époques de la fécondation des différentes espèces, et consigna pour la Société d'Acclimatation, dans un savant rapport, un ensemble de documents capable de guider les industriels qui désireraient se livrer à la reproduction des espèces par la fécondation artificielle.

Les craintes sur la rareté du poisson ont depuis très-longtemps, on peut même dire de tout temps, été accréditées par les petits pêcheurs à pied ou par ceux qui, munis de barques faibles et non pontées, ne peuvent pêcher au large, et sont réduits à exercer leur métier dans la zone restreinte de la reproduction, où le pêcheur détruit infiniment plus qu'il ne prend.

Dans cette zone, en effet, le gros poisson est rare, d'abord parce qu'il est constamment troublé par le pêcheur, et ensuite parce que sa tendance est toujours de s'étendre plus au

large, dans une mer plus profonde où le petit
canotier ne peut le suivre.

Mais les marins munis d'embarcations plus
fortes et d'engins plus puissants, permettant
de pêcher en pleine mer, ont depuis longtemps répondu et ne cessent de répondre aux
craintes sur la rareté du poisson, par l'argu-
ment sans réplique des faits, en rapportant
tous les jours, dans les ports, des pêches de
plus en plus considérables.

Ainsi le poisson ne manque pas. Il se re-
produit dans des proportions prodigieuses,
incommensurables.

Il suffit d'aider, de surveiller, de protéger
cette reproduction, de la préserver autant que
possible des causes de destruction dans la
zone littorale où s'opère son développement,
et d'aller pêcher plus au large avec des embarcations plus fortes.

C'est dans cette pensée que S. Ex. M. de

Chasseloup-Laubat, ministre de la marine, a successivement affranchi les pêcheurs d'une foule de règlements restrictifs ou surannés qui entravaient l'exercice de leur profession, et leur a laissé la liberté de pêcher en tout temps dans la mer commune.

Pour mettre nos marins à même d'exercer leur industrie dans ces conditions qui leur permettent de récolter de plus forts produits, il leur faut venir en aide et leur faciliter l'acquisition d'un matériel plus puissant dont disposent déjà plusieurs d'entre eux.

Nous examinerons bientôt l'importance du matériel actuel, le travail qu'il produit et les améliorations dont il est susceptible pour procurer à la fois au pêcheur de meilleurs salaires, aux consommateurs du poisson plus abondant et moins cher, et à l'État un plus grand nombre de bons marins

CHAPITRE III

LES HUITRIÈRES

LES HUITRIÈRES

Nous avons essayé d'indiquer les progrès
réalisés par la pisciculture, les notions acqui-
ses sur les habitudes des poissons de mer, sur
les lois générales de leur production et de leur
développement.

En nous arrêtant sur ce sujet, nous avons
eu pour but de démontrer que, dans aucun
cas, l'aliment de l'industrie des pêches ne
saurait manquer; que ses ressources sont immenses et qu'elles ne demandent qu'à être
développées, aménagées et surveillées avec
une intelligente prévision, la nature faisant le
reste.

On comprend quelle utile destination pourrait recevoir cette multitude de petites anses
marines qui pénètrent assez avant dans l'intérieur des terres, si elles étaient converties à
peu de frais en parcs isolés, disposés pour la
ponte, l'éclosion et l'élevage des bonnes espèces de poissons si recherchées pour la nourriture de l'homme. Dans ces viviers marins
naturels, les espèces comestibles se multiplie-
raient à l'infini et s'élèveraient en sûreté pendant la première phase de leur existence, où
leur faiblesse les expose à d'incessantes causes
de destruction. Ensuite, parvenus à l'âge où
leur agilité leur permet de mieux échapper à
leurs ennemis, les poissons se répandraient de
là, selon l'heureuse pensée de M. Coste, en
essaims innombrables sur le littoral de la mer
pour y acquérir leur complet développement.

Les avantages qui résulteraient d'un bon
aménagement des frayères de poissons de-

viennent tout aussi importants quand il s'agit des espèces fixées au sol, comme les huîtres, ou confinées dans des cantonnements restreints comme les crustacés.

L'épuisement des bancs naturels du littoral semblait, depuis quelque temps, menacer l'industrie spéciale des huîtrières. On draguait, on pêchait toujours sans rien faire pour le repeuplement de ces carrières vivantes.

La stérilisation de ces huîtrières était due peut-être moins à l'abus des extractions qu'à un phénomène naturel déjà précédemment constaté : l'apparition d'un coquillage parasite, impropre à la nourriture de l'homme, et tendant à se substituer sur place aux agglomérations d'huîtres. La nature nous offre de nombreux exemples de ces alternances chez les espèces animales et végétales dans les forêts, les prairies et les plaines.

Quoi qu'il en soit, on a émis l'idée, pour remédier à ce déclin réel, d'entreprendre l'ensemencement du littoral de la France, en vue de renouveler les bancs ruinés et d'en créer de nouveaux.

Ce procédé, dû à l'initiative de M. Coste, appliqué d'abord par l'État, n'a pas tardé à se répandre et à être mis en pratique par un grand nombre d'habitants des côtes. Les plages de l'île de Rhé, la vaste baie d'Arcachon, celles de Saint-Brieuc et de Cancale se sont couvertes d'huîtrières improvisées avec une prodigieuse facilité.

« Chaque huître, disait dans son rapport le professeur déjà cité, ne donne pas moins de un à deux millions de petits. Or, si de ce nombre il en reste dix ou douze sur les coquilles de la mère, c'est tout ce qu'on peut espérer dans les années d'abondance. Ce qui s'attache n'est donc rien en proportion de ce qui se disperse, entraîné par les flots, de ce qui périt sous la vase ou devient la proie des polypes, nourris par les animalcules suspendus au sein des eaux. Le problème consiste donc à trouver un artifice qui permette de recevoir cette inépuisable semence et de la porter sur les fonds à peupler.

« En procédant ainsi, on ne prendra rien aux gisements naturels de ce qu'ils ont coutume de retenir à chaque ponte, et cependant l'on s'appropriera d'incalculables richesses. On n'aura, pour les retenir, qu'à faire descendre sur ces bancs des fascines, des clayonnages. La progéniture des huîtres sous-posées s'élèvera comme un nuage de poussière vivante à travers ces branchages, et les embryons qui la constituent s'incrusteront sur tous les points des bâtis dont on aura fait ainsi des récipients de semence. »

Des expériences faites sur ces données,
dans la baie de Saint-Brieuc, confirmèrent
amplement ces prévisions.

Les fascines servant de support collecteur
au *naissain* des huîtres portaient dans leurs
branches, et sur les moindres brindilles, des
bouquets d'huîtres en si grande profusion,
qu'elles ressemblaient à ces arbres de nos
vergers qui, au printemps. cachent leurs ra-
meaux sous l'exubérance de leurs fleurs. On
eût dit de véritables pétrifications.

Des échantillons de ces fascines furent
transportés à Paris, sous les yeux de l'Empe-
reur. Les jeunes huîtres qui les couvraient
avaient, au bout de huit mois, un diamètre
de deux à trois centimètres. « C'étaient des
fruits, dit M. Coste, qui n'avaient plus qu'à
mûrir pour fournir en dix-huit mois une
immense récolte. »

L'expérience de Saint-Brieuc prouva, par un

résultat éclatant, que partout où les fonds
sont à l'abri de l'envasement, cette industrie
pourrait produire de tout aussi abondantes
moissons que celles de la terre.

Deux fermes modèles ont été créées depuis
aux frais de l'État, dans le bassin d'Arcachon,
pour la propagation des huîtrières. Des cen-
taines de concessionnaires, associés à des marins inscrits, ont établi des bancs d'huîtres
sur plus de quatre cents hectares que l'administration leur a livrés. Ces établissements,
en pleine prospérité, comme ceux de l'île de
Rhé, sont maintenant en mesure de livrer à
la consommation des masses de cette salubre
denrée.

M. le docteur Gillet de Grandmont, qui a
visité ces établissements du littoral, depuis
Brest jusqu'à la Gironde, a consigné dans son
rapport à la Société d'Acclimatation les progrès des huîtrières artificielles, notamment

autour de l'île de Rhé. Les bancs épuisés naguère étaient redevenus fertiles par l'application des procédés nouveaux de repeuplement indiqués par M. Coste. Les terrains émergents étaient transformés en une multitude de petits parcs très-productifs par l'industrie des vignerons et des paysans riverains de la mer, sous l'impulsion intelligente et à l'exemple de plusieurs habitants de l'île, en tête desquels il faut citer MM. H. Bœuf, Dervieux, Moreau, M. Tayeau, commissaire de la marine, et surtout M. Kemmerer de Saint-Martin de Rhé. La plage autrefois boueuse et stérile était purgée de ses envasements, et la semence des huîtres, apportée par le courant, y pullulait avec une prodigieuse fécondité. On y comptait, sur un espace restreint, des bancs d'huîtres évalués à plusieurs millions de francs[1].

1. Mémoire de M. Coste à l'Institut, 3 novembre 1862.

Tandis que les populations du littoral de l'Océan se livraient avec succès à l'établissement des huîtrières artificielles, un exemple d'ostréiculture en grand était offert sur les côtes de la Manche, à Regnéville, dans le Cotentin. La sœur de l'illustre Rachel, Mme Sarah Félix, artiste distinguée du Théâtre-Français, après avoir fermé les yeux de la grande tragédienne, avait quitté la scène et le bruit du monde parisien pour se retirer dans le vieux château de Regnéville, situé au bord de la mer, près du port de Granville.

Incapable de se résigner à une villégiature oisive, cette femme méritante fut émue au spectacle de la pauvreté des populations de la côte et eut la bonne pensée de leur ouvrir un atelier de travail productif, en créant un grand établissement d'ostréiculture. Aidée de la collaboration intelligente de M. Chaillet, l'habile directeur de son exploitation, Mme Sarah Félix

fit preuve, dans l'accomplissement de cette
œuvre philanthropique, d'une singulière énergie.

Ses huîtrières artificielles ne tardèrent pas
à offrir un champ de production dont le succès, parallèle au déclin progressif des bancs
naturels de Cancale, ne peut manquer d'en-
traîner de nombreux imitateurs sur les traces
de la digne fondatrice de Regnéville.

Le contingent considérable fourni par les
nouvelles huîtrières n'a pas encore suffi jusqu'à présent à combler le déficit toujours
croissant de nos bancs naturels de la Manche.
On peut dire que, sans le concours de cette
industrie nouvelle, la production générale des
huîtres eût été réduite de plus de moitié,
comme celle des bancs naturels. Mais comme
la consommation augmente toujours, on ne
pourra la satisfaire, et on ne produira une
baisse sensible sur le prix de ce coquillage si

recherché, que par un développement de plus en plus étendu des huîtrières artificielles aujourd'hui encore de beaucoup insuffisantes.

Cette industrie n'est pas propre à former des gens de mer ; mais elle peut faire naître une certaine aisance chez les populations du littoral, en procurant un travail plus lucratif aux vieux marins, aux femmes et aux enfants, en les détournant utilement de la pêche à pied, aujourd'hui reconnue plus destructive que profitable.

Les résultats entrevus pour la reproduction des poissons, obtenus déjà pour les huîtrières, ne sont pas moins certains pour les crustacés. Nous verrons bientôt comment il est possible d'accroître dans des proportions énormes la multiplication et la récolte des homards et des langoustes. Cette excellente denrée, autrefois réservée exclusivement pour la table des gens aisés, prend de jour en jour plus

d'extension dans l'alimentation publique. Il
ne reste qu'à la mettre en abondance et à bon
marché, à la portée de tout le monde.

CHAPITRE IV

LES CRUSTACÉS

LES CRUSTACÉS

En énumérant les sources de richesse alimentaire que la nature a répandues sur le littoral de la mer, nous avons dit comment le frai du poisson est déposé, en générations innombrables, sur les plages voisines du rivage, pour descendre peu à peu les collines sous-marines qui bordent les côtes, à mesure que ce poisson acquiert la taille et la force nécessaires pour habiter une mer plus profonde.

Nos lecteurs ont bien compris maintenant pourquoi l'État a reconnu la nécessité de protéger, par une garde vigilante, cette zone littorale, où il importe de laisser s'accomplir sans trouble la reproduction et le premier développement des espèces appelées à fournir un contingent considérable à la nourriture de l'homme.

Après avoir donné quelques détails sur la création des huîtrières qui ont aussi leur importance dans l'alimentation publique, il nous paraît utile de compléter cet aperçu des productions de nos plages maritimes par quelques mots sur les crustacés.

Les homards constituent une nourriture tonique, excellente, et d'autant plus précieuse qu'elle peut se conserver longtemps après la pêche et pénétrer plus facilement que les poissons frais vers les contrées éloignées de la mer. Jusqu'à présent leur rareté en a limité la consommation, mais on doit espérer qu'une multiplication bien entendue permettra de livrer à très-bon marché ce crustacé à toutes les classes de consommateurs.

La fécondation des homards et langoustes a lieu en septembre, et c'est en automne que les femelles *se grainent*. Pour cette opération, elles recourbent leur queue sous leur ventre et en forment une espèce de bourse dans laquelle elles pondent en un seul jour leurs œufs ou *graines*, au nombre de *vingt mille* pour les homards, et de *cent mille* pour les langoustes.

Les œufs restent attachés à ce récipient protecteur pendant leur incubation qui dure plusieurs mois, jusqu'au printemps, époque des éclosions.

La mère alors déploie sa queue, la secoue et se débarrasse de sa progéniture naissante qui se dissémine dans la mer comme un véritable ensemencement.

Les jeunes homards, pourvus d'appareils

spéciaux qui leur permettent de se soutenir
et de tourbillonner à la surface de l'eau, gagnent ainsi la haute mer, hors des atteintes
de la voracité des poissons qui en habitent le
fond.

Ils diffèrent alors complétement de forme
avec l'animal que nous connaissons. Mais au
bout de six semaines, ils perdent ces organes
provisoires, et, ne pouvant plus nager, les
petits homards apparaissent sous leur forme
définitive et tombent au fond de la mer pour
y séjourner désormais. A mesure qu'ils gran-
dissent, ils se rapprochent, en marchant, des
rivages qu'ils avaient momentanément quit-
tés. (*Observations de M. Coste.*)

La charpente osseuse de ces crustacés, leur
squelette autrement dit, c'est leur carapace
extérieure. Ils se dépouillent de cette cuirasse
par des mues successives qui marquent leurs
différentes périodes de croissance et qui sont

au nombre de vingt environ dans l'espace de quatre années.

L'animal qui, en naissant, avait un millimètre de long, mesure vingt centimètres quand il atteint sa cinquième année, époque de son complet développement.

C'est à cet âge et à cette taille qu'il est seulement permis de le pêcher. Les pêcheurs doivent rejeter à la mer tout ce qui n'atteint pas cette grandeur, ainsi que toutes les femelles *grainées*.

Mais comme ces femelles figurent pour moitié dans leurs prises, ils éludent le règlement en les dépouillant de leurs œufs avec une brosse de chiendent. Il en résulte une perte énorme dans la reproduction.

C'est donc avec quelque raison que l'on a proposé d'interdire la pêche des homards pendant le temps que dure l'incubation.

Cette mesure conservatrice paraît excellente ; mais on obtiendrait, ce nous semble, des résultats bien autrement féconds pour la multiplication de ce crustacé, si, au lieu d'obliger les pêcheurs à rejeter à la mer les femelles ainsi chargées de vingt mille ou de cent mille œufs, prescription qu'ils éludent, l'administration ou mieux encore l'industrie privée leur faisait acheter, moyennant un prix supérieur à celui des mâles, toutes les femelles grainées vivantes qu'ils pourraient prendre.

Elles seraient déposées dans de vastes parcs spéciaux, établis dans des baies fermées où s'achèverait l'incubation. Les petits y seraient conservés pendant les premiers mois de leur existence, et, après plusieurs mues, une partie serait appliquée au peuplement de nombreux gisements clos, appropriés à leurs mœurs ; le reste serait évincé du réservoir pour se répandre et se développer dans les parages voisins.

On peuplerait ainsi, à très-peu de frais, toutes les vallées sous-marines susceptibles de se prêter au développement de ces excellents crustacés, aujourd'hui beaucoup trop chers, et que leur abondance permettrait alors d'obtenir à bon marché.

Les détails que nous avons donnés sur la reproduction des poissons, des huîtres et des crustacés, ne paraîtront peut-être pas superflus. Il est bon que le consommateur soit un peu initié aux conditions dans lesquelles s'exercent les industries alimentaires, et que sa pensée puisse ainsi remonter jusqu'aux sources de la production.

En parlant du repeuplement de nos plages maritimes, nous devons nous borner aux espèces qui naissent et vivent sur le littoral. Nous n'avons pu y comprendre la morue, qui habite des mers éloignées et est l'objet d'une pêche spéciale dont nous n'avons pas à nous occuper présentement. Il en est ainsi des harengs, sardines et maquereaux, qui sont compris dans la pêche côtière et en forment un des principaux aliments, mais qui arrivent sur nos côtes en bancs voyageurs. Ces bancs sont une manne providentielle, offrant à nos marins une ample moisson dont la reproduction lointaine et infinie échappe d'ailleurs à notre action.

L'examen du repeuplement naturel et artificiel des poissons, auquel nous venons de nous livrer, nous a paru surtout nécessaire, nous le répétons, pour répondre aux craintes qui pourraient naître sur la possibilité de donner utilement aux pêches une grande extension.

On peut donc affirmer, après tant d'expériences réitérées, que la mer contient un approvisionnement illimité de poissons, et qu'il est possible d'en augmenter la production en quantité beaucoup plus considérable encore.

Cette vérité étant reconnue, constatée, il n'y a pas à hésiter pour favoriser un repeuplement qui, en définitive, n'exige que des dépenses insignifiantes en présence d'inappréciables résultats.

Après nous être assuré que l'industrie des pêches ne peut manquer d'aliment, il convient d'examiner quelle est, dans le présent, la condition de nos marins voués à cette profession, leur situation légale et commerciale, l'importance du matériel qu'ils mettent en œuvre, la valeur des produits, les entraves qui en gênent la circulation, et nous dirons ce qui resterait à faire, selon nous, au triple point de vue des intérêts de l'État, du marin et du consommateur.

CHAPITRE V

CONDITION LÉGALE DES MARINS

L'INSCRIPTION MARITIME

CHAPITRE V

CONDITION LÉGALE DES MARINS
L'INSCRIPTION MARITIME.

Il serait impossible de traiter la question de
la pêche côtière sans aborder celle de l'inscription maritime.

Les anciens adversaires de cette belle institution ne l'avaient, en général, considérée
qu'au point de vue de la législation rigoureuse édictée par Colbert, son fondateur.

Ces éloquents rhéteurs ne se sont pas assez
préoccupés ni des compensations positives
que l'État offrait aux marins en échange des
grandes charges éventuelles qu'il leur imposait, ni des modifications nombreuses que

l'institution avait éprouvées par la loi répu-
blicaine du 3 brumaire an IV, et par les dé-
cisions qui l'ont suivie, actes dont le décret
libéral du 22 octobre 1863 a été le complément.

La loi organique du 3 brumaire an IV avait
maintenu l'inscription maritime, et, par suite,
l'obligation imposée aux gens de mer de répondre aux appels de l'État, dans la proportion des besoins de la flotte nationale.

Mais, sur ce point encore, ce système de recrutement avait été depuis modifié.

Les marins étaient restés assujettis aux appels de service suivant un mode dit *levée permanente*, mode consistant à requérir pour les besoins de la flotte, au fur et à mesure des inscriptions ou des débarquements, tous les
officiers, mariniers et matelots de vingt à qua-
rante-cinq ans.

Plus équitable en quelque sorte que l'an-

cien, ce système empêchait les marins engagés au commerce d'éluder les appels de l'État,
ainsi qu'ils le faisaient antérieurement. D'un
autre côté, on lui reprochait par ce motif de
pousser le matelot de commerce à émigrer
en s'enrôlant dans les marines étrangères.
Il faut toutefois faire la part de ce qu'il peut
y avoir d'exact ou d'exagéré dans ces allé-
gations.

Les craintes de voir diminuer le nombre
de nos marins, tant de fois exprimées par les
détracteurs de l'inscription maritime, ne se
sont heureusement pas confirmées.

Bien au contraire, les états officiels con-
statent que depuis 1830 le chiffre des inscrits
augmente en moyenne de 2,000 hommes par
an. Cette progression continue toujours, et n'a
besoin que d'être favorisée pour s'accroître
encore.

Il ne faut pas oublier que la France fut ja-

dis exposée aux invasions et aux pillages de
nombreux ennemis venant de la mer. Les ir-
ruptions désastreuses des Normands, les fré-
quentes guerres des Anglais, ont, pendant des
siècles, dépouillé nos provinces maritimes de
leurs richesses, et retardé longtemps dans
notre patrie les progrès de l'industrie et de la
civilisation.

Ce n'est que lorsque la France eut créé une
marine militaire, et quand elle fut en force de
se faire respecter sur les mers, qu'elle prit dé-
finitivement le rang élevé qu'elle a conservé
depuis parmi les nations. L'initiative de cette
création date du seizième siècle. Elle fut in-
terrompue par nos guerres intérieures de reli-
gion, mais vigoureusement reprise et conso-
lidée au dix-septième siècle.

C'est alors que l'inscription maritime vint
raffermir les bases de notre puissance navale, en organisant sur nos frontières de mer

une garde vraiment nationale, une véritable landwehr maritime, toujours debout, toujours disponible pour la défense du pavillon.

Ce qui restait à faire pour *moderniser*, comme on l'a dit, cette belle institution, en lui conservant toute sa force pendant la guerre, c'était de l'assimiler autant que possible, dans son application durant la paix, à la loi du recrutement de l'armée de terre.

Telle a été l'œuvre de l'administration actuelle de la marine, qui s'est efforcée de faire rentrer dans le droit commun la condition auparavant trop exceptionnelle des marins inscrits.

Le régime des appels successifs tenait suspendue sur leur tête l'éventualité d'un réappel, charge gênante à la fois pour eux et pour les armateurs auxquels ils pouvaient se trouver engagés. Dans cette situation précaire, les marins ne pouvaient rien entreprendre sans être exposés à une ruineuse perturbation de leurs intérêts.

Le décret du 22 octobre 1863 a mis fin à ce régime assujettissant pour les gens de mer, et a inauguré pour eux une ère de véritable émancipation.

Ce décret déclare qu'après six années révolues, à partir de l'âge de vingt ans où le marin aura été appelé, il ne peut plus être requis qu'en cas d'armement extraordinaire et en vertu d'un décret spécial.

Mais comme les besoins de la flotte n'exigent pas que chaque inscrit passe six années au service; comme les engagements volontaires et les rengagements réduisent les demandes faites à l'inscription maritime, le décret du 22 octobre accorde pendant ces six années la faculté de donner aux marins enrôlés des congés renouvelables, avec ou sans solde, selon les positions où ils préfèrent se placer pendant ce temps de disponibilité.

La durée de ce service effectif ou fictif n'est donc plus que de six ans. A vingt-six ans le marin est libéré. Il peut même l'être à vingt-quatre s'il devance l'appel en s'engageant à dix-huit ans. Ainsi libre de disposer de lui-même dès sa jeunesse, il peut, et c'est là l'avantage important que nous voulions signaler, il peut maintenant trouver l'aide nécessaire pour exercer avec fruit et sécurité l'industrie de la pêche. Il n'est plus sujet à l'appel sous le pavillon que par décret spécial, dans le cas d'armements extraordinaires, à peu près dans les mêmes conditions exceptionnelles que celles d'une mobilisation des gardes nationales *quand la patrie est en danger*. Dans cette conjoncture son devoir est commun avec celui de tous les Français.

Le décret du 22 octobre 1863 donne donc satisfaction à l'homme de mer, en assimilant son sort à celui du soldat de terre. L'armateur n'est plus exposé à voir ses équipages disloqués par les appels successifs de ses matelots. L'État enfin garde éventuellement en réserve, pour le cas d'une grande guerre, la plus puissante propriété de l'inscription maritime, celle qu'apprécieront hautement tous les hommes d'État : SON ÉLASTICITÉ.

Les Anglais, qui disposent de l'expédient barbare et impopulaire de *la presse des marins*, ne pouvant introduire à notre époque, ni dans leurs lois ni dans leurs mœurs, l'institution régulière de l'inscription maritime, ont depuis peu de temps, paraît-il, *enregistré* par engagements avec les parents 160,000 mousses. Cette mesure exceptionnelle a pour nous une haute signification, en ce qu'elle démontre la nécessité, bien comprise par le gouvernement britannique, de pousser dès l'enfance les populations vers la vie maritime.

Ce doit être un grand enseignement pour nous qui, sans imiter le procédé anglais, pourrions augmenter, peut-être même doubler, s'il le fallait, par une mesure spéciale essentiellement temporaire, le nombre réglementaire des mousses et novices déjà prescrit pour l'armement des navires de guerre, du commerce et de la pêche.

Une pareille mesure dût-elle coûter transitoirement à l'État quelques sacrifices, sous forme de primes ou suppléments de salaire, on ne devrait pas hésiter à l'adopter pendant quelques années jusqu'à ce que son effet ait été produit. Car accroître le nombre des mousses, c'est élargir la base d'un recrutement naturel et normal ; c'est agir directement sur l'augmentation indéfinie du chiffre de l'inscription maritime.

En continuant de favoriser dans une large proportion l'accroissement du nombre des inscrits, l'État pourra restreindre de plus en plus la mesure des sujétions attachées à l'appel et déjà bien réduites par le décret du 22 octobre.

Ainsi, augmenter notablement le nombre des mousses, accroître par suite le chiffre des inscriptions, encourager en temps de paix les rengagements primés avec libéralité, c'est assurer en même temps à la flotte une pépinière nombreuse de novices, un nombre indéfini de matelots disponibles, et des cadres remplis par des marins éprouvés.

Mais la principale condition de cet accroissement progressif des inscrits, ne l'oublions pas, c'est de rendre meilleur le sort des marins voués au métier de la pêche; c'est, en un mot, de rendre plus lucrative l'industrie de la mer.

Nous le répétons, ce résultat ne pourra être obtenu qu'en favorisant l'établissement d'institutions financières capables elles-mêmes d'améliorer LA SITUATION COMMERCIALE des pêcheurs, et de les affranchir des conditions onéreuses qui leur enlèvent aujourd'hui la plus forte part de leurs légitimes profits.

C'est dans ce but que nous avons émis et que nous développerons l'idée de la création d'un ou de plusieurs *Comptoirs de la pêche côtière*.

CHAPITRE VI

CONDITION COMMERCIALE
DES PÊCHEURS

CHAPITRE VI

CONDITION COMMERCIALE
DES PÊCHEURS

Nous venons d'examiner la situation légale
à laquelle le régime de l'inscription maritime
assujettissait les marins, et tous les ou-
vriers qui participent aux industries de la
mer.

On a vu combien le décret du 22 octobre
1863 avait adouci la sévérité de cette institution qui remontait à Colbert.

Toujours est-il qu'en édictant cette législation rigoureuse, mais alors nécessaire, et
pour la faire accepter des populations mari-

times, l'État, dans le principe, avait dû accorder aux marins de larges compensations. En échange des charges éventuelles que leur imposait l'inscription maritime, ils avaient obtenu le privilége exclusif de pêcher en mer, joint au droit à une retraite sur la caisse des invalides de la marine.

En résumé, le décret du 22 octobre a affranchi les marins d'une grande partie de leurs charges et le privilége de la pêche leur est resté.

Mais ils sont bien loin de retirer tous les avantages qui pouvaient résulter pour eux de ce droit que leur concède exclusivement la loi.

Un certain nombre d'entre eux possèdent les barques et les engins nécessaires à leur industrie.

Le plus grand nombre des pêcheurs sont encore exploités par les petits-armateurs, qui leur enlèvent en moyenne *plus de la moitié* du produit des pêches.

Il n'y a, en un mot, de pêcheurs aisés que ceux qui sont parvenus, par un rare bonheur, des alliances ou de longues économies, à se rendre propriétaires de leurs barques et de leurs filets.

Nous avons rappelé comment l'administration actuelle de la marine avait supprimé une foule de règlements restrictifs qui, jusqu'à présent, gênaient l'industrie des pêcheurs, désormais plus libres dans l'exercice de leur profession. Nous avons également signalé les mesures préventives prises contre le dépeuplement prématuré des espèces de poissons qui frayent dans les eaux de notre littoral.

Tout semblerait donc concourir à une amélioration réelle dans le sort de nos pêcheurs, s'il suffisait uniquement des mesures libérales que vient de prendre à leur égard l'administration.

Mais LA SITUATION COMMERCIALE des marins engagés dans la pêche côtière ne réclame pas de moins urgentes améliorations, tout à fait indépendantes de l'action du gouvernement.

Les marins sont sans appui matériel contre les prétentions exorbitantes des armateurs, des négociants et des compagnies de transport qui prélèvent à leur profit la majeure partie du produit des pêches.

Ainsi dans certaines pêches de la côte, celle au chalut par exemple, qui est la plus productive pour le poisson frais et qui tend à se généraliser de plus en plus, comme nous l'expliquerons bientôt, l'armateur prend *la moitié du poisson pêché.*

Dans celle du hareng, il prélève d'abord 40 p. 100 qui sont bientôt portés à 50 p. 100

pour les avances onéreuses sur le prix des filets.

Dans la pêche de la sardine, la part de l'armement prend des proportions telles qu'elle s'élève souvent, à différents titres, d'après la déclaration officielle de M. J. Layrle, jusqu'à *soixante quinze pour cent du produit.*

Dans ces trois pêches, qui sont les plus importantes, tant sous le rapport de la production qu'eu égard au nombre d'hommes employés, les 50 p. 100 tout au plus revenant aux pêcheurs sont répartis entre les hommes composant l'équipage, dont le salaire individuel est loin de correspondre aux charges, aux fatigues et aux périls de leur profession.

Les entraves qui s'opposent le plus au développement complet de la pêche côtière, et qui en paralysent tout à fait l'essor, sont donc véritablement celles qui pèsent sur la CONDITION COMMERCIALE des marins.

C'est cette situation commerciale que doivent par-dessus tout s'étudier à modifier les hommes qui comprennent que l'amélioration industrielle du sort des pêcheurs est une des bases fondamentales de la prospérité de notre marine marchande et militaire.

Que faut-il pour cela? Il faut, par la création d'une ou plusieurs institutions financières spéciales, faire participer l'industrie de la mer aux bénéfices de crédit dont jouissent déjà aujourd'hui les commerçants et un certain nombre d'agriculteurs. Avec l'aide tutélaire des grandes banques, ceux-ci se sont peu à peu affranchis des conditions trop usuraires qu'ils subissaient de la part des petits escompteurs.

Pourquoi les marins, eux aussi, ne seraient-ils pas appelés à profiter du même avantage? Les grands bénéfices que peut leur produire leur travail, s'ils pouvaient échapper aux prélèvements excessifs de l'armement, leur permettraient de rémunérer très-largement l'institution financière qui se constituerait pour leur venir en aide. Ici nous mettons le doigt sur la véritable plaie qui affecte le plus le sort des marins engagés dans l'industrie de la pêche.

Toutefois, ne soyons pas ingrats envers le passé. Les usages commerciaux présentement en vigueur remontent à des époques fort anciennes. Il ne faut pas méconnaître que ce régime, tout onéreux qu'il ait pu être aux marins, leur a rendu dans le passé d'incontestables services, en ouvrant, en agrandissant les débouchés nécessaires à leur industrie. Mais il est loin de répondre aux besoins nouveaux, et il a véritablement fait son temps.

Un grand nombre d'armateurs à la pêche,

parmi les plus honnêtes et les plus intelligents, dans les différents ports de l'Océan et
de la Manche, nous ont confessé, en toute
sincérité, qu'à leur avis tout le monde trou-
verait son compte à l'inauguration d'un régime plus libéral. Beaucoup d'entre eux n'hé-
sitent pas à déclarer qu'ils seraient heureux
de prêter leur concours à l'institution financière qui prendrait l'initiative de cette grande
amélioration.

Le moment paraît donc venu, même
de l'aveu loyal de ceux que l'on pouvait
s'attendre à rencontrer comme adversaires, le moment paraît venu d'inaugurer
l'établissement d'un ou plusieurs comptoirs
de la pêche côtière, fonctionnant sous l'empire d'une entière liberté, pour préparer l'affranchissement commercial des marins.

Ce serait le digne couronnement de l'œuvre

d'émancipation légale déjà réalisée par le
décret du 22 octobre 1863.

Parlons d'abord du matériel professionnel
des pêcheurs, du produit des pêches et du
commerce des poissons.

CHAPITRE VII

MATÉRIEL DES PÊCHEURS

MATÉRIEL DES PÊCHEURS

L'industrie de la pêche côtière est exercée par 52,000 marins, montant 12,000 barques, dont le sixième à peine est ponté, suivant l'inventaire ci-après :

Bateaux pontés.

1,704 évalués à . . . .   18,000,000 fr.

Bateaux non pontés.

10,100 évalués à   27,000,000

Ensemble 11,804 bateaux. . . . .   45,000,000 fr.
Filets de harengs.   3,000,000
Lignes et filets divers.   5,000,000

Valeur totale du matériel. . . . .   53,000,000 fr.

Les petites barques non pontées, dont la pêche française possède dix mille, s'éloignent peu du littoral et travaillent toujours dans la zone habitée par le frai et le fretin qu'elles détruisent en grande quantité. Ce sont ces pêcheurs canotiers, battant le littoral, qui de tout temps se sont plaints de la rareté toujours croissante du poisson. Leur travail, en effet, a pour résultat de le troubler et de le pousser vers le large où ils ne peuvent plus l'atteindre.

Les pêcheurs en canot, vu leur grand nombre, fournissent à la consommation un approvisionnement assez considérable, qui cependant tend à diminuer tous les jours.

A côté de cette pêche canotière s'exerce aussi la petite industrie des pêcheurs à pied, pratiquée par quelques vieux marins, mais surtout par des femmes, des enfants, et en général par des paysans qui ont soin de ne se faire inscrire que lorsqu'ils ont passé l'âge de la levée, et ne rendent par cela même aucun service à l'État.

Les pêcheurs à pied cherchent dans la mer la nourriture de leur famille et n'apportent presque aucun contingent à la consommation générale. Cette industrie, qui nuit beaucoup plus qu'elle ne profite à l'alimentation publique, est d'ailleurs dans un véritable déclin. Elle devra s'éteindre par suite de l'amélioration des salaires dans les contrées maritimes, et bientôt elle aura cessé de mériter l'attention.

La pêche à pied et en canot tendent à faire place à la pêche au large, la seule qui, développant le principe de l'association, fournit à la fois une pépinière de marins d'élite pour l'État et une masse importante de denrées alimentaires pour le pays.

A côté des pêches du hareng, du maquereau et de la sardine, qui récoltent une grande abondance de salaisons, la pêche approvisionnant d'une manière continue nos marchés de poissons frais est celle qui se fait au large, à l'aide d'un filet nommé *le chalut*.

Le chalut est une grande bourse de quinze mètres environ d'ouverture et d'une égale profondeur, suspendue à une vergue immergée dans la mer et qui tient l'orifice du filet toujours béant. Au moyen de poids considérables, dont la partie inférieure du filet est chargée, il traîne comme une herse sur le sol sous-marin, et marche ainsi avec toute la vitesse que peut imprimer le vent à un bateau de trente tonnes, couvert de voiles. On a une idée de l'énergie de cet appareil quand on voit, dans les ports, des ancres de navires abandonnées en mer et repêchées par le chalut.

Dans la course rapide de ce filet, tous les habitants de la mer qu'il rencontre se boursent dans ses énormes flancs. Le fretin s'échappe à travers ses larges mailles, le gros poisson seul reste captif. On cite des coups de chalut miraculeux. Sur les côtes de la Rochelle, on a constaté récemment un coup de filet de six cent cinquante soles.

Le chalut avait été longtemps proscrit comme destructeur, et il l'était effectivement toutes les fois qu'il était traîné dans la zone rapprochée du littoral où cet appareil énergique écrasait et dispersait le fretin, faisant fuir vers le large les espèces venant chercher l'abri de la côte.

Mais le chalut uniquement employé à la pêche au large n'a plus cet inconvénient, et doit être regardé, au contraire, comme un instrument de progrès.

En effet, la barque armée du chalut met à la disposition des pêcheurs associés l'élément par excellence de l'industrie : une force gratuite pour traîner leur filet, le vent. Cette embarcation ainsi gréée permet de prendre des quantités considérables de poisson. C'est pourquoi elle tend à se substituer aux autres modes de pêche, dans les ports où les chemins de fer sont venus offrir aux produits un débouché certain.

Les Anglais, les Hollandais traînent maintenant le chalut toute l'année dans la mer du Nord et dans le Pas de Calais. Chez eux comme chez nous le tonnage des barques de pêche augmente sans cesse, et les petits canotiers ne trouvant plus à vivre à côté de leur redoutable concurrent, le chalut, s'engagent à cet armement.

Cette pêche exige une barque portant une forte voilure, bien armée, montée par un équipage de vrais marins, aptes aux habiles manœuvres du métier.

Les chalutiers balayent la mer, la nuit comme le jour, en toute saison. Pendant l'hiver, où le poisson se conserve plus long-temps frais, on les voit même s'aventurer dans l'Océan jusqu'à 50 ou 80 kilomètres au large, pêchant par des profondeurs de 100 à 130 mètres. Une pareille industrie est une véritable école de pilotage. Elle est donc intéressante sous tous les rapports et ne saurait être trop encouragée.

L'armement au chalut emploie aujourd'hui plus de huit cents barques, les trois quarts appartenant aux ports de la Manche, et le quart à ceux de l'Océan.

La différence dans la force et le tonnage des bateaux explique l'infériorité significative de nos pêcheurs de la Méditerranée dont *le dixième* seulement des barques est ponté, comparativement à la marine de la Manche dont *le tiers* des bateaux est ponté et d'un plus fort échantillon.

En général les bateaux de pêche se comportent bien à la mer. La grande habileté des marins et leur connaissance parfaite de la côte, bien plus que la qualité de leur matériel, rendent les naufrages peu fréquents. Ils le sont malheureusement encore trop. Ils deviendraient presque nuls si toutes ces barques étaient construites dans les conditions de sécurité que peut et que doit assurer aujourd'hui l'état de la science.

Nous insistons hautement sur cette question de la sécurité de la vie humaine dans les embarcations, question négligée jusqu'à présent avec une déplorable insouciance par les constructeurs, et sur laquelle nous avons cru devoir attirer déjà l'attention de l'administration compétente [1].

La pêche au large ne peut se développer qu'à la condition d'avoir de bons ports de refuge très-rapprochés, et des embranchements de chemins de fer dans tous ces ports pour le débouché rapide des prises.

Il ne faut pas oublier qu'en effet le moyen le plus efficace d'augmenter le chiffre de l'inscription maritime, c'est d'ouvrir des débouchés aux produits de la pêche.

Peu après 1830, des services accélérés de roulage en poste furent établis pour transporter la marée fraîche vers Paris et les villes de l'intérieur. Une telle amélioration dans les transports donnait à la pêche un essor qui

---

1. Voir à la fin : *Note sur l'utilité d'adopter dans la construction des navires et des paquebots en particulier, un programme de sécurité, pour protéger la vie des voyageurs et des marins*, par l'auteur.

réagit dès lors sur l'augmentation de l'inscription maritime. Les chemins de fer sont
venus peu de temps après favoriser encore ce
développement qui, nous le répétons, ne de-
mande qu'à progresser.

On le voit, la mer est pour les marins un
champ de moisson qui n'a de limites que les
débouchés. Or ces débouchés ne sont autres
que les besoins de la consommation et sont
également sans bornes. Mais il faut que le
produit puisse arriver sur les marchés. Voilà
pourquoi nous insistons pour voir tous les
ports de refuge munis d'embranchements.

Un mouvement considérable est réellement
imprimé à l'industrie de la pêche, de la pêche
au large surtout, qui seule forme de bons
marins et fournit d'abondantes récoltes. Il
reste à étendre cette impulsion à toutes nos
populations maritimes.

Il importe donc de rechercher le moyen

d'affranchir le commerce des poissons des entraves qui gènent la circulation des produits,
tout en les renchérissant, et celui de procurer aux pêcheurs les capitaux nécessaires pour
construire et gréer des bateaux d'un plus fort
tonnage. Nous allons examiner ces deux points
importants de la question des pêches.

CHAPITRE VIII

PRODUIT GÉNÉRAL DES PÊCHES

PRODUIT GÉNÉRAL DES PÊCHES

Nous avons dit que la pêche côtière était pratiquée par 52,000 marins inscrits, à l'aide de 12,000 barques dont 2,000 à peine sont pontées.

On a vu que la pêche à pied, sur le rivage de la mer, ne produisait guère au delà de la nourriture des familles de ces petits pêcheurs, de moins en moins nombreux, et que, au point de vue de l'alimentation publique, elle était beaucoup plus nuisible qu'utile, en ce qu'elle détruit les générations naissantes. On estime que quatre mille inscrits, tout au plus,

exercent personnellement cette humble industrie. Elle paraît condamnée à disparaître dès
que les parcs et viviers marins qui tendent à
s'établir sur le littoral auront assuré à cette population pauvre un travail plus rémunérateur.

Il est également constaté que la pêche au
canot, faite avec les dix mille barques non
pontées, montées par deux ou trois hommes,
et très productive dans la saison des sardines,
n'apporte pas d'ailleurs à l'alimentation générale un contingent de poisson frais propor-
tionné au nombre de ces bateaux et aux vingt
mille pêcheurs environ qu'ils emploient.

La véritable industrie alimentaire exercée
sur la mer, nous le répétons, c'est celle de la
pêche au large, avec de forts bateaux pontés,
de vingt-cinq à trente tonnes, montés par des
équipages de quinze à dix-huit marins, dont
le nombre s'élève déjà à près de trente mille
hommes.

Dans l'industrie de la pêche, l'armateur fournit ordinairement tout le matériel : bateau, filets, agrès et quelques avances d'argent. L'équipage fournit le travail.

Pour prix de sa mise, l'armateur perçoit la moitié des produits de la pêche, à la charge de supporter les frais d'avaries et de rechanges. A peu d'exceptions près, cet usage fait loi, et les marins auxquels une longue économie et un rare bonheur ou leur crédit personnel ont permis de devenir propriétaires de leurs bateaux, ne font pas de meilleures conditions à leurs équipages.

On est surpris du bénéfice que s'attribue l'armement quand on songe que l'inventaire total des douze mille barques et des filets engagés à la pêche côtière ne représente que 50 millions de francs environ.

Il est vrai qu'un certain nombre de patrons des équipages sont propriétaires de barques, ou partiellement intéressés dans leur armement. On estime que ces marins favorisés participent pour un sixième environ, comme propriétaires, dans les produits généraux attribués aux armateurs, outre leurs parts personnelles pour le travail de pêcheur.

Toujours est-il que le bénéfice attribué à l'armement absorbe la moitié du produit.

Le produit général constaté des pêches en France se divise comme il suit :

Poisson frais (compris 2.000,000 fr. d'huîtres et crustacés.........................	35,000,000 fr.
Harengs.......................	6,000,000
Sardines et autres salaisons.............	6,000,000
Morue................................	16,000,000
Total....... .	63,000,000 fr.

Dans cette évaluation ne figurent pas les

poissons frais consommés ou vendus directement aux petits marchands par les pêcheurs à pied et par une partie des pêcheurs canotiers, quantité non constatée et
que l'on estime à près de trois millions de
francs.

Si l'on déduit les seize millions provenant
de la pêche de la morue, autrement dite *grande
pêche*, laquelle est l'objet d'un armement
spécial dont nous n'avons pas à nous occuper
quant à présent, il reste pour la pêche côtière
proprement dite un produit constaté de 47
millions, dont 12 millions en salaisons et 35
millions en poisson frais.

Ce chiffre de 47 millions est remarquable
en ce qu'il se rapproche de celui de 50 millions auquel est évalué l'inventaire du matériel de la pêche côtière.

Il résulte de ce rapprochement que cette
industrie produirait chaque année une recette

d'une cinquantaine de millions, à peu près égale à la valeur même de son matériel, recette dont la moitié, 25 millions, constitue le modeste salaire de 50,000 marins, au prix moyen de 500 francs par tête. L'autre moitié, 25 millions, forme la part du capital, autrement dit de l'armement.

« L'industrie de la pêche est une des plus lucratives, dit dans un travail remarquable M. J. Layrle, officier de marine qui a rempli les fonctions de secrétaire de la commission chargée de préparer la révision de la loi sur la pêche, au point de vue de la protection des espèces.

« En moyenne, dit cet officier distingué, à moins d'événements très-malheureux, on peut dire qu'avec un pareil mode de partage, l'argent dépensé pour l'armement d'un bateau est remboursé en deux ou trois ans.

« Les grands chalutiers qui font le métier toute l'année, au large, dans la Manche, dans l'Océan, sur la côte d'Angleterre et devant La Rochelle, estiment qu'un bateau de 25 tonneaux coûte 15,000 francs de première mise de fonds pour aller en mer. La pêche annuelle produit environ 20,000 francs, ce qui fait 10,000 francs pour le propriétaire. Sur cette somme il lui reste à payer les avaries et rechanges, c'est-à-dire un prix excessivement variable qui dépend du temps qu'il a fait pendant l'hiver et de la qualité des fonds sur lesquels on traîne le chalut. Dans certains endroits on use jusqu'à trois filets par an. L'argent placé en armement pour pêche court, il est vrai, les chances de naufrages ; mais les exemples sont relativement peu nombreux Les patrons qui montent les grands bateaux chalutiers sont habitués à la mer, ayant une connaissance parfaite du temps et de la côte. Par ce motif, peu d'armateurs prennent la précaution de faire assurer leurs bateaux. »

L'énorme proportion du bénéfice attribué au capital, dans l'industrie de la pêche, est donc de nature à appeler la sollicitude du gouvernement et à éveiller l'attention des capitalistes.

Nous examinerons bientôt, à propos de l'établissement d'un Comptoir de la Pêche côtière, les moyens de réaliser le programme qui est dans la pensée de l'administration, programme légitime qu'approuveront sans doute ceux qui s'intéressent à la prospérité de notre marine, et qui consisterait *à mettre complétement l'industrie de la pêche dans la main des pêcheurs.*

Nous avons préalablement à entretenir nos

lecteurs du commerce des poissons et des entraves qui restreignent les débouchés en surélevant les prix, au grand préjudice du consommateur.

CHAPITRE IX

COMMERCE DES POISSONS

CHAPITRE IX

COMMERCE DES POISSONS

Nous avons établi que le produit général
constaté des pêches de poisson frais s'élevait
à 35 millions de francs par an, vendu au
port.

Cette denrée ne parvient à la consommation qu'après avoir passé par les mains de
divers expéditeurs et intermédiaires en gros
et en détail, après avoir supporté des frais
élevés de transport, ainsi que des droits
d'octroi et de factage.

L'ensemble de toutes ces charges, jusqu'aux marchés de destination, double le
prix de la vente au port. En outre, les bé-

néfices des revendeurs élèvent à plus du quintuple le prix primitif du poisson frais qui, payé d'abord 35 millions au port, est peut-être vendu finalement à la consommation plus de 150 millions de francs.

Il y a là, au détriment du public et des pêcheurs, un ensemble d'abus qui mérite d'autant plus d'être signalé, que ce renché-rissement a pour résultat de restreindre le débouché du produit des pêches.

Il nous paraît possible de remédier à ces inconvénients sans porter aucune atteinte à la liberté du commerce, par le seul fait d'une concurrence plus efficace et mieux or-ganisée.

Les denrées de salaison, harengs et sardi-nes, qui représentent le quart de la valeur de la pêche côtière, se distribuent jusqu'au centre de la France, à raison d'un transport déjà très-élevé de 10 centimes par tonne kilo-

métrique, c'est-à-dire 4 centimes par kilogramme de poisson, pour les localités de
l'intérieur situées à 400 kilomètres des ports.
Il n'en est pas ainsi du poisson frais.

Il est consommé principalement dans les
villes de la zone littorale, et ne peut pénétrer qu'en petite quantité au centre du pays.
Il ne pourrait y arriver régulièrement qu'au
moyen d'une organisation de transports di-
rects à prix réduits.

Le poisson frais se divise en deux catégo-
ries distinctes : la marée fine et la marée
commune. La marée fine, qui peut, en raison
de son prix, supporter des frais plus considérables, est presque exclusivement transportée au loin. Le poisson commun, et c'est
le plus abondant, se consomme à vil prix sur
place ou dans la contrée voisine du port.

La cause en est aux tarifs des chemins de
fer qui font payer au poisson commun le

même prix de transport qu'au poisson de luxe,
sans distinction. Les compagnies, en Angleterre, ont agi avec plus d'intelligence. Elles
ont réduit leurs tarifs pour les espèces com-
munes, et on en expédie de grandes quantités.

La ville de Paris, qui prélève un droit d'octroi de 10 p. 100 sur la vente du poisson de
luxe, a consacré déjà cette distinction en ré-
duisant de moitié, soit 5 p. 100, le droit sur
la marée commune qu'elle se propose, as-
sure-t-on, d'abaisser encore.

Les Compagnies de chemins de fer pourraient établir la même différence et faciliter
ainsi l'écoulement d'une grande quantité de
poisson et de coquillages qui manquent de
débouchés sur le littoral. Elles auraient intérêt à opérer des réductions de tarifs pour
les grandes distances, faveur dont jouissent
déjà d'autres denrées, y compris même le
poisson, sur certaines lignes.

Aujourd'hui la marée fraîche, indistincte-
ment, est transportée à grande vitesse, sur
le chemin de fer du Nord, au prix élevé de
36 centimes par tonne et par kilomètre; sur
celui de l'Ouest, à 29 centimes; sur le Midi
et l'Orléans, à 25 centimes.

Ce tarif moyen de 30 centimes par tonne
kilométrique correspond à 12 centimes par
kilogramme de poisson frais, pour les localités de l'intérieur situées à 400 kilomètres de
la mer. C'est trois fois plus cher que le transport des salaisons. Ce prix, supportable jusqu'à un certain point pour le poisson de luxe,
est excessif pour le poisson frais commun et
en interdit la circulation.

Il en résulte qu'une quantité très-considé-
rable de cette marée commune, susceptible
de fournir une grande ressource aux populations du Centre, est sans valeur au port,
faute de débouché économique. Elle est sou-

vent rejetée à la mer par les pêcheurs comme improductive, et même livrée à la décomposition pour servir d'engrais aux terres.

Les huîtres sont transportées, à grande vitesse, au prix réduit de 16 fr. les mille kilos, selon nous encore trop cher, par la compagnie de l'Ouest qui approvisionne presque exclusivement Paris de ce coquillage.

Pour faciliter la circulation du produit des pêches, il serait à désirer que les compagnies, à l'exemple de ce que l'Ouest a en partie fait pour les huîtres, consentissent à transporter à grande vitesse la marée, au tarif de la petite vitesse, c'est-à-dire au taux moyen de 10 centimes par tonne et par kilomètre, prix auquel l'Ouest expédie les salaisons.

Dans ce cas la marée fine pourrait être cotée à 15 centimes par kilomètre, et le poisson commun à 5 centimes seulement. Il n'est pas douteux qu'à ce prix on n'expédiât

de très-grandes masses de cette dernière ca-
tégorie.

Paris, où l'arrivage du poisson est orga-
nisé, reçoit chaque année, à la Halle Centrale,
pour environ dix millions de marée fraîche.
Cette quantité représente une valeur d'environ 6 millions, prise au port, valeur qui, à
son arrivée dans la capitale, subit les modifications suivantes :

Poisson payé dans les ports...............	6,000,000 fr.
Écorage ou escompte du prix payé comp-	
tant au port, 5 0/0....................	300,000
Mareyeurs, qui se chargent de condition-	
ner et expédier la marée à leurs risques,	
environ 36 0/0......................	2,200,000
Transport par chemins de fer et camion-	
nages, 25 0/0.......................	1,500,000
Ensemble........	10,000,000 fr.
Octroi de Paris, environ...............	1,000,000
Total........	11,000,000 fr.

Assurément une partie de ces frais d'inter-

médiaires, de transports et même d'octroi,
seraient susceptibles de notables réductions.
Mais, obtiendrait-on sur ces charges une économie de moitié, ce que nous croyons possible, on ne remédierait encore que dans une
mesure insuffisante au mal de la situation.

Ce mal, c'est l'éparpillement excessif de
la vente au détail qui oblige un très-grand
nombre de revendeurs à prélever un bénéfice
exagéré, à cause des petites quantités de
poisson que vend chacun d'eux.

Le prix de la marée est presque doublé
dès son arrivée à la halle par les frais ci-
dessus énumérés. Mais il est ensuite plus que
sextuplé pour la consommation parisienne,
qui paye en détail peut-être trente ou quarante millions ce que les marins n'ont vendu
que six millions au port.

La cause de cette surélévation exagérée,
nous le répétons, est due au fractionnement

déplorable de la vente en détail faite à des consommateurs qui, dans une ville comme Paris, ne peuvent s'approvisionner tous au marché central.

Il en serait autrement s'il existait, pour toutes les denrées, comme on paraît le projeter, une halle bien organisée dans chacun des quatre-vingts quartiers de Paris, ou bien si, en attendant cette organisation désirable, on parvenait à favoriser l'établissement de grandes poissonneries dans tous les quartiers populeux, à l'instar de celles de Londres.

Les denrées pourraient être conservées plus fraîches dans ces établissements spéciaux, où les ménagères trouveraient à s'approvisionner avec un choix immense, à des prix trois fois moins élevés que ceux qu'elles payent aujourd'hui pour des poissons qui, étalés sans distinction parmi les autres comestibles, sont loin d'avoir la fraîcheur désirée.

Ce ne sont pas les marins, pauvres et isolés, qui peuvent eux-mêmes remédier à l'état
de choses actuel, si nuisible à leurs intérêts.
Ce ne sont pas non plus les intermédiaires,
qui profitent d'ailleurs de cette situation.

Ce n'est pas l'administration de la marine.
Elle a fait les plus louables efforts pour faciliter aux pêcheurs le libre exercice de leur
profession en les affranchissant des entraves
que leur imposait l'inscription maritime;
mais elle ne peut intervenir dans leur position commerciale.

Il n'y a qu'une institution financière spéciale, fondée en vue de venir en aide aux marins, qui puisse s'interposer utilement, dans
l'intérêt des pêcheurs, entre eux et les consommateurs les plus éloignés.

Une semblable institution seule peut traiter d'égal à égal, avec tous les intermédiaires
indispensables, discuter avec les Compagnies

de chemins de fer et les municipalités les
modifications à obtenir dans les tarifs ; en un
mot, réaliser toutes les améliorations entre-
vues pour frayer au commerce des poissons
des débouchés indispensables à cette intéressante industrie.

C'est dans ce but que nous avons indiqué
l'établissement d'un COMPTOIR DE LA PÊCHE CÔ
TIÈRE, destiné à améliorer la condition commerciale des marins et à faire parvenir en
même temps les produits de leur pêche à
meilleur marché chez le consommateur. Il
nous reste à examiner quels pourraient être
les fonctions et le mécanisme de cette institution.

CHAPITRE X

CONCLUSION

COMPTOIR DE LA PÊCHE CÔTIÈRE

CONCLUSION

COMPTOIR DE LA PÈCHE COTIÈRE

Nous avons exposé à nos lecteurs les conditions légales, industrielles et commerciales
dans lesquelles s'exerce l'importante industrie
des pêches maritimes, que nous avons appelée, conjointement avec l'agriculture, l'une
des deux grandes sources nourricières de la
France.

En énumérant les immenses richesses natu-
relles de la mer, nous croyons avoir suffisamment répondu par quelques exemples à cette
question : Le poisson pourrait-il manquer,

par suite d'un grand développement donné à
la pêche?

On a vu qu'il suffit de préserver d'une destruction prématurée, par une surveillance
effective, les myriades de générations naissantes qui pullulent sur le rivage de la mer,
pour assurer l'approvisionnement indéfini des
poissons. Bien plus, l'observation et des
essais pratiques viennent nous démontrer
qu'il est même possible de multiplier les nais-
sances par la fécondation artificielle, au delà
de toute limite prévue.

Les pêcheurs, assurés désormais d'un aliment certain pour leur industrie, affranchis
par une administration libérale des règlements
restrictifs de police qui gênaient l'exercice de
leur profession, soulagés de plus en plus des
charges de l'inscription maritime par le seul
fait de l'augmentation du nombre des inscrits, réclament encore deux choses essen-

tielles : des capitaux pour armer à leur compte
des barques de pêche, et des débouchés plus
étendus.

On paraît généralement s'intéresser au sort
des gens de mer. Nous admirons leur audace
dans le danger. Nous les aimons, nous le di-
sons du moins. Prouvons-le donc en les aidant !

L'accomplissement de ce devoir national
est d'autant plus facile, que cette assistance
peut leur être donnée sans sacrifice. Il suffi-
rait, par quelques avances bien placées d'ailleurs, d'imprimer une impulsion salutaire à
leur industrie, leur travail faisant le reste.

Les détracteurs des marins (Eh ! qui donc
n'a pas les siens?), ce sont leurs propres exploitants. Entendez-les vous dire qu'il n'y a
rien à faire pour le sort de ces gens grossiers,
abrutis par l'ivrognerie et le tabac !

Si effectivement dans quelques quartiers de
la côte, bien limités du reste, nous voyons

des pêcheurs abuser quelquefois des liqueurs fortes, c'est qu'ils cherchent dans leur usage l'oubli des peines inhérentes à la pauvreté.

Répandons, par un travail mieux rétribué, une certaine aisance dans leurs familles, et apportons un peu d'instruction chez ces pauvres délaissés.

Dissipons autour de leurs fronts les ténèbres de l'ignorance, à l'aide desquelles ils ont été si longtemps maintenus dans un labeur ingrat pour eux et profitable à leurs seuls exploitants.

Le marin a d'incontestables titres à l'intérêt que nous invoquons en sa faveur.

Ces titres sont-ils moins sacrés que ceux du commerçant?

Loin de là, le marin est producteur par excellence, quand il arrache à la mer les récoltes qu'il tient de Dieu et de son rude travail.

Et ce chasseur intrépide serait moins bien

traité par le crédit que le simple marchand
dont la fonction consiste à distribuer au consommateur les produits fabriqués de l'industrie !

Il y a là un contre-sens qu'il importe de
redresser.

Cette œuvre de réparation est bien digne
d'exciter la sollicitude des hommes qui aiment
leur patrie et s'intéressent au sort de ses courageux défenseurs.

Déjà, dans la plupart des arrondissements
maritimes, bon nombre de pêcheurs, com-
prenant toute la portée de la législation éman-
cipatrice dont ils viennent d'être l'objet par
le décret du 22 octobre, commencent à re-
lever la tête et prouvent suffisamment qu'ils
ont en eux tous les éléments d'ordre et de
dignité pour devenir leurs propres armateurs.

Nous ne cesserons de le répéter : Pourquoi
les marins, dont on ne conteste pas plus la

moralité que le courage, ne seraient-ils pas
dignes, eux aussi, de la confiance commerciale dont les autres professions éprouvent les
bienfaits?

Pourquoi ne mériteraient-ils pas de participer, à leur tour, à ce CRÉDIT dont les commerçants sont depuis longtemps en possession,
et dont les agriculteurs commencent heureusement à profiter?

La Banque de France, fondée au commen-
cement de ce siècle, a rendu au commerce
d'inappréciables services, en régularisant et
en modérant l'intérêt commercial de l'argent.

Le Crédit foncier et le Crédit agricole, qui
ne datent que d'hier, promettent des résultats non moins avantageux à l'agriculture.

L'industrie de la mer réclame donc aussi
sa banque de crédit.

C'est dans cette pensée que nous avons cru
devoir appeler tout particulièrement l'atten-

tion des capitalistes et celle des armateurs intelligents sur l'utilité de la création d'un
COMPTOIR DE LA PÊCHE CÔTIÈRE.

Comparativement aux autres grands établissements financiers, cette institution n'aurait besoin, surtout dans le principe, que d'un
capital restreint et de simple garantie. Soit
qu'elle opérât comme comptoir principal ou
comme sous-comptoir, elle aurait les mêmes
facilités que les autres caisses analogues, pour
escompter au besoin à la Banque de France
les valeurs de ses clients, qui offriraient autant de sécurité que celles du commerce et de
l'agriculture. L'engagement d'un patron de
barque, seul ou en société, le nantissement
de son matériel, la nature immédiatement
réalisable des produits qu'il obtient chaque
jour de son industrie, ne présentent-ils pas
des garanties égales à celles que l'on exige
du fermier et du commerçant?

9

Une, ou au besoin plusieurs institutions semblables, pour la Manche, pour l'Océan et pour la Méditerranée, nous paraissent seules capables de centraliser les intérêts collectifs des pêcheurs, d'améliorer leur condition commerciale, et d'assurer à leur travail un prix plus rémunérateur.

Le COMPTOIR DE LA PÊCHE CÔTIÈRE leur ferait, à un taux modéré, des avances pour construire et gréer leurs barques, acheter leurs filets, etc. Ces avances seraient remboursées graduellement par des retenues sur le produit des pêches, qui deviendrait d'autant plus considérable pour les marins qu'ils n'auraient plus à payer comme à présent au capital l'énorme tribut de 50 pour 100 sur leur recette.

Le Comptoir, société anonyme fonctionnant en vertu de statuts publiés sous le contrôle de l'État, ne pourrait prétendre pour ses opérations qu'à un intérêt commercial raisonnable et aux commissions analogues à celles qui sont usitées dans les autres comptoirs. Les intérêts, l'amortissement en quelques annuités des prêts faits aux marins, les commissions et bénéfices d'indispensables correspondants locaux, les réserves pour retraites, les assurances et risques, tous ces frais en résumé ne s'élèveraient pas, à beaucoup près, à 20 p. 100 du produit des pêches, au lieu de 50 p. 100 qu'il en coûte aujourd'hui aux marins.

Les pêcheurs assistés par le Comptoir rentreraient donc ainsi d'emblée dans un quart au moins du produit de leur travail qui maintenant leur échappe. Ils pourraient recevoir plus des trois quarts du prix de vente du poisson pêché, au lieu de la moitié environ qui leur est attribuée actuellement.

Le montant des salaires de leur industrie, qui s'élève à 24 millions, atteindrait successivement 35 à 40 millions. Cette plus-value porterait à 750 ou 800 francs la moyenne du salaire annuel de nos cinquante mille pêcheurs, qui aujourd'hui s'élève à peine à 500 francs.

C'est ainsi que le Comptoir de la pêche côtière substituerait peu à peu son action au concours actuel, par trop onéreux, des petits armateurs locaux, dont un grand nombre s'empresseraient de coopérer à son œuvre.

Ce Comptoir, selon nous, ne devrait pas être un *agent*, mais un simple *instrument* au service de tous, fonctionnant sur le principe d'une concurrence émulative et d'une liberté commerciale complète.

L'AMÉLIORATION IMMÉDIATE DU SORT DES MARINS, telle serait donc, à l'origine, l'objet principal d'une semblable institution. Mais son action ne s'arrêterait pas là et devrait même être considérablement élargie.

Elle paralyserait les accaparements non moins excessifs des mareyeurs et des expéditeurs qui, sans concurrence locale suffisante, s'attribuent d'énormes bénéfices sur les ventes des poissons.

Elle aviserait aux moyens d'obtenir des Compagnies des chemins de fer de meilleures conditions de transport, résultat que n'atteindront jamais, nous le répétons, les efforts isolés des pêcheurs. Ces concessions profiteraient finalement à ces compagnies tout autant qu'aux consommateurs.

Elle ouvrirait des crédits aux négociants qui créeraient de grandes poissonneries, à l'instar de celles de Londres pour la vente en détail, à bon marché et à prix coté, dans Paris et les départements.

Elle travaillerait sans cesse à l'élimination des intermédiaires parasites qui concourent au renchérissement des denrées.

Elle rallierait en même temps à son œuvre la coopération locale des armateurs honnêtes et intelligents qui trouveraient honneur et profit à représenter l'institution dans les différents ports de pêche.

Elle contribuerait enfin à répandre plus complétement les produits de la pêche en les faisant pénétrer chez les diverses populations de l'intérieur, à des conditions meilleures à la fois pour le marin et pour le consommateur.

En effet, sous l'empire d'une concurrence plus complète, et par la suppression successive de ceux des intermédiaires qui maintenant monopolisent ou entravent ce commerce, un double résultat très-remarquable serait atteint. En un mot, *le poisson pourrait être payé beaucoup plus cher au marin et rendu beaucoup moins cher au consommateur.*

Une telle amélioration, élevant de moitié

le salaire moyen des pêcheurs, attirerait in-
failliblement un plus grand nombre d'enfants
vers cette profession.

Assurés de trouver les capitaux nécessaires,
les pêcheurs feraient construire des barques
en plus grand nombre et d'un plus fort tonnage, surtout des bateaux pontés, dont les
équipages constituent une marine plus sérieuse, mieux disciplinée et entièrement
vouée à la pêche au large.

Ce progrès aurait une portée incalculable,
car nous avons vu que nos dix mille barques
non pontées s'éloignent peu du littoral et
pêchent surtout dans la zone habitée par le
fretin, qu'elles détruisent incessamment.

Le produit de la pêche, qui est proportion-
nel à la force du matériel et au nombre de
l'équipage embarqué, s'élèverait rapidement
et verserait un contingent supérieur d'une
subsistance précieuse sur les marchés.

En résumé, le pays obtiendrait deux améliorations capitales :

1° Augmentation de la puissance nationale
sur les mers par un grand accroissement de
l'inscription maritime;

2° Augmentation de subsistances, par suite
de l'extension donnée à la pêche et au commerce à bon marché des poissons sur tous les
points du territoire.

Tel serait l'ensemble des avantages entrevus dans l'établissement d'un Comptoir de la
pêche côtière, institution qu'une vieille expérience de la matière, et une sympathie légitime pour les populations au milieu desquelles nous ont appelé tant de fois nos travaux, nous autorisent à conseiller.

FIN

APPENDICE

NOTE I

L'ASSOCIATION NORMANDE ET L'OSTRÉICULTURE [1].

La trente-troisième session du Congrès de l'Association normande vient de se tenir à Coutances, département de la Manche. Dans le programme de cette session figurait une visite à l'établissement d'ostréiculture de Regnéville, dont nous avons entretenu nos lecteurs l'an passé, sur des renseignements très-précis et puisés à bonne source qui nous avaient été fournis. Invité à prendre part aux travaux du Congrès de Coutances, nous en avons profité avec empressement pour aller voir nous-même l'important établissement fondé par Mlle Sarah Félix, et nous avons hâte de dire toute la satisfaction que nous éprouvons de pouvoir confirmer, après vérification et constatation directes, les faits que nous avions avancés au sujet de la solution du problème de l'ostréiculture. Cette nouvelle branche d'industrie, ce mode particulier de cul-

1. *La Presse*, 22 juillet 1865.

ture de la mer, est bien décidément une fondation
acquise, ainsi que nous l'avions prétendu. Nous établirons tout à l'heure que dans le succès obtenu sous
l'habile et intelligente direction de M. L. Chaillet, qui
a prouvé là qu'il réunissait la double aptitude aux
connaissances de l'histoire naturelle et à la science
de l'ingénieur, le tout assaisonné d'un bon sens ex-
quis, nous établirons que dans ce succès rien ne doit
être attribué au hasard, et qu'il s'agit bien de conditions favorables réalisées en suite de combinaisons
parfaitement prévues et déterminées. Mais, auprava-
vant, qu'il nous soit permis de consacrer quelques
mots à l'Association normande, entièrement due à l'i-
nitiative privée, et qui fonctionne depuis plus de trente
ans sous l'impulsion de M. de Caumont, avec un succès toujours croissant.

Il aurait suffi de voir la petite ville de Coutances
pendant la durée du Congrès, pour se rendre compte
de l'importance qu'a prise cette association en Nor-
mandie. Toutes les rues plantées de verdure et pa-
voisées de drapeaux indiquaient assez que toute la
population de la cité épiscopale avait voulu faire fête
à cette réunion d'hommes de progrès, venus des divers points du pays normand pour tenir leurs assises
et stimuler le zèle des travailleurs en le récompen-
sant. Discussions scientifiques, concours agricoles,
tout cela a eu un plein succès; et il en est ainsi, pa-
rait-il, chaque année, partout où l'Association nor-

mande va planter la tente de son congrès. La ville
choisie considère la préférence qui lui est accordée
comme une grande faveur. Maintenant que le branle
est donné et que les concours régionaux, les exposi-
tions départementales ont fait leurs preuves, il ne
faudrait pas oublier que l'Association normande est
leur aînée, qu'elle les a tout au moins précédés, sinon engendrés. C'est une justice que nous nous plai-
sons à rendre ici à M. de Caumont, qui a eu des premiers foi en l'initiative privée, et foi agissante, c'est-
à-dire foi sincère.

C'est donc en compagnie des membres du Congrès
normand que nous avons visité le bel établissement
de Regnéville; c'est aussi en présence de M. Coste,
venu de même tout exprès pour la circonstance. Mais
il nous importait de l'étudier avec plus de loisir dans
tous ses détails, et nous lui avons, dans ce but, consacré plusieurs journées. Des difficultés d'ordre ad-
ministratif, qui se rattachent à la fondation ultérieure
d'établissements de ce genre, étaient parvenues à
notre connaissance. Nous étions bien aise de voir les
choses de près pour les mieux apprécier. L'ostréiculture, maintenant que la démonstration de sa possibilité pratique a été fournie par Mlle Sarah Félix et par
M. Chaillet, est appelée nécessairement à prendre de
grands développements. C'est une question de première importance, ainsi que nous croyons l'avoir fait
sentir l'an passé. Il fallait se préparer à la soutenir

au besoin, en parfaite connaissance de cause, contre certains préjugés et certaines passions dont l'intérêt public n'est pas toujours le mobile. Telle est la raison principale qui nous a conduit à Regnéville.

On vient de répéter d'abord, avec la certitude donnée par la vérification expérimentale, que le problème de la reproduction et de la multiplication artificielle des huîtres est désormais résolu. Il n'est plus possible de prétendre maintenant que l'aptitude des parages et des fonds marins à fournir le naissain y puisse être pour quelque chose. Regnéville dépose éloquemment contre cette prétention. Il est certain qu'en pénétrant dans des bassins l'eau de la mer n'y apporte rien autre chose que les éléments du développement des œufs déposés par les mères qu'on y a préalablement établies.

En effet, comment en pourrait-il être autrement, après ce que nous allons dire? L'établissement est situé sur le bord de la grève, en deçà de bancs herbus, couverts par le flot à la marée montante. Une puissante digue, qui a étonné plus d'un ingénieur par l'excellente disposition de ses matériaux, l'entoure par trois côtés et le rend absolument insubmersible. Cette digue est munie, au centre de son grand côté qui regarde le large, d'une vanne ayant aussi fait l'admiration de tous les ingénieurs hydrographes ou autres qui l'ont visitée, et par laquelle les séries de bassins et de parcs composant l'établissement re-

çoivent en temps utile l'eau de la mer à marée haute
et la laissent échapper à marée basse. Ces bassins sont
alimentés par un canal central parallèle au grand
côté de la digue et communiquant avec la grande
vanne par un branchement perpendiculaire. Chaque
bassin ou parc a sur le canal central sa petite vanne
particulière, de manière que tous ces bassins demeurent indépendants les uns des autres et puissent
être vidés alternativement, puis remplis de même. Les
parois du canal et celles des bassins de reproduction
sont en roches calcaires non jointes et hérissées d'as-
pérités.

Ceci bien compris, nous pouvons arriver à notre
démonstration. C'est dans le plus éloigné des bassins,
dans celui qui occupe l'extrémité orientale de l'établissement, au bout du canal central, que ces huîtres
mères et les appareils collecteurs du naissain ont été
déposés en 1863. Dès le mois d'août de cette même
année, ces appareils se sont montrés à profusion char-
gés de jeunes huîtres, tandis qu'il a été impossible,
ni alors ni depuis, d'en voir aucune, ni dans les autres
bassins qui n'avaient pas été ensemencés, ni sur les
parois du canal par lequel l'eau de la mer est arrivée.
Pour admettre que le naissain a pu être apporté par
cette eau et qu'il est venu du large, il faudrait donc
supposer que, par un caprice dont il n'est assurément pas capable, il a précisément fait élection du
bassin contenant les huîtres mères. Il n'est même pas

permis de penser que la situation du bassin y puisse
être pour quelque chose, car les conditions dans lesquelles l'eau arrive dans ce bassin sont absolument
identiques à celles des autres, cela s'effectuant par une
vanne située sur la paroi du canal central. On donne
ici ces détails pour ceux qui n'ont point vu Regnéville.
Pour ceux qui l'ont vu, ils seraient tout à fait superflus.
Sur les lieux, l'évidence saute aux yeux. Il est impossible d'expliquer la présence des jeunes huîtres qui
s'y trouvent maintenant en abondance autrement que
par une reproduction sur place, et aussi de ne pas
demeurer convaincu que ce qui a été réalisé si judi-
cieusement là le sera sans difficulté partout ailleurs,
en suivant les mêmes errements.

Ces jeunes huîtres de reproduction, que l'on trouve
attachées à la surface inférieure des tuiles, en nombre
qui varie depuis vingt jusqu'à trente-cinq et même
quarante, sont à présent âgées de moins de deux
ans. Beaucoup ont atteint au delà du diamètre nécessaire pour qu'elles soient dites marchandes et
acceptées par le commerce. Toutes auraient dépassé
ce diamètre, sans nul doute, si l'on avait pris le
soin de les détacher de leur tuile, où elles se gênent, étant trop rapprochées les unes des autres.
Comme il s'agissait, avant tout, d'une expérience et
d'une démonstration, M. Chaillet a voulu qu'il lui
fût possible de les montrer sur la place même
où elles étaient nées. Quant à ce qui est de leur

qualité, nous en pouvons témoigner : elle est parfaite.

Nous n'avons donc rien à retrancher de ce que
nous avions dit l'an passé; nous ne pouvons qu'y
ajouter la sanction d'une vérification personnelle,
effectuée en présence des membres du Congrès de
l'Association normande. Une industrie importante
est née, dans des conditions qui doivent la rendre
viable et assurer à notre pays une nouvelle source de
richesse et aux habitants de nos côtes un élément de
prospérité dont ils ont grand besoin. Il a été émis,
lors de la visite de Regnéville, quelques doutes sur
le côté économique de l'opération qui s'y accomplit;
mais ceux qui ont parlé dans ce sens, en présence
de M. Coste, du reste, ne semblent pas s'être rendu
bien compte de la question dont il s'agit, car ils rai-
sonnaient comme si les huîtres produites à titre
expérimental devaient être grevées de tous les frais
de premier établissement. Il n'est pas nécessaire
d'insister. Ce n'est point dans un toast spirituel que
l'on peut aborder une telle question de comptabilité.
Nous avons mieux à faire que de nous y arrêter.
L'important est que l'on soit en possession d'une
méthode certaine pour cultiver l'huître. Or, il n'y a
plus de doute à cet égard. Chaque millier que l'on
en produira représente, au cours actuel, une valeur
de quarante francs, soit quarante mille francs pour
un million. Supposons, pour être large, que cette

valeur ne soit atteinte qu'au bout de la troisième année, il sera facile, d'après cela, de se faire une idée de la place qu'il faut pour produire en trois ans un million d'huîtres marchandes, à raison de vingt-cinq par tuile, par exemple.

Ainsi en possession d'une industrie sûre, les propriétaires de l'établissement de Regnéville ont dû songer à en devenir concessionnaires à titre définitif, et ils avaient demandé en outre les moyens de s'agrandir, en prenant au même titre quatre nouveaux hectares de relais de mer, contigus à cet établissement. On sait ce que de pareilles demandes nécessitent de formalités. Ce n'est jamais sans grande peine que l'on parvient à obtenir l'autorisation de mettre en valeur les parties du domaine public, maritime ou autre, qui demeurent improductives. Sous l'empire d'excitations que nous ne craignons pas de qualifier d'inintelligentes, au moins, la population crédule de Regnéville a été ameutée contre l'entreprise. On lui a fait croire que l'endiguement projeté aurait pour résultat de la priver de la tangue qu'elle n'allait point chercher jusque là sur les relais demandés, et qui, du reste, — nous avons pu nous en convaincre par un examen direct, — ne s'y dépose que depuis la construction de l'établissement existant, ce qu'une nouvelle digue n'eût pu que favoriser, en augmentant l'étendue de la tanguière formée en avant de la première.

Nous ignorons ce que l'administration de la marine décidera. Ce qui nous paraît certain, quoi qu'il en arrive, c'est que, à part l'ingratitude manifeste dont ce qui nous a été raconté témoigne pour les améliorations que l'établissement de Regnéville a provoquées dans cette petite commune naguère perdue sur les côtes de la Manche, la population ignorante qui a suivi ses meneurs, en déposant défavorablement dans l'enquête qui a été faite, s'est ainsi privée d'améliorations nouvelles. Dégoûtés par des difficultés auxquelles ils ne devaient pas s'attendre de la part de gens qu'ils avaient comblés, les propriétaires des bassins ostréicoles ont résolu de porter ailleurs l'extension de leur industrie. Ils ont fait dans ce but l'acquisition des îles Chausey, magnifiquement disposées pour la recevoir dans les meilleures conditions, à part les éléments de richesse propre que ces îles contiennent en dehors de la pisciculture. Le moment viendra sans doute où, comme cela est arrivé ailleurs, les habitants de Regnéville regretteront d'avoir cédé aux mauvais conseils qui leur ont été donnés et où ils solliciteront eux-mêmes les éléments de bien-être qu'on avait voulu leur fournir; mais alors il sera trop tard. Nous devons féliciter toutefois Mlle Sarah Félix et son habile associé d'avoir pris le parti de songer à une plus grande entreprise, au lieu de se retirer devant le mauvais vouloir qu'ils ont rencontré. Ainsi font les

natures bien douées : l'obstacle leur donne de nouvelles forces. Et bientôt, il faut l'espérer, l'erreur
d'une petite population, égarée par les plus stupides
inventions jetées en pâture à sa crédulité, aura été
la cause de la création du plus bel établissement de
pisciculture qui se soit jamais vu, au plus grand profit des pêcheurs de la Manche. Fécondées par les
capitaux et par l'intelligence dont les acquéreurs
des îles Chausey ont donné la preuve irrécusable
dans ce que nous venons de décrire, ces îles produi-
ront en abondance du poisson de toute sorte et des
huitres en particulier.

Ne vous attendez pas, pourtant, à ce que le prix
du précieux mollusque vienne à baisser de sitôt.
Avant que toutes les aspirations de consommation
puissent être satisfaites et que la marchandise sura-
bonde par ce fait, il s'écoulera du temps. Nous ne
touchons donc point de sitôt à la fameuse solution
de la vie à bon marché, de ce côté-là pas plus que
de bien d'autres. Et il serait désirable, soit dit en
passant, que l'on se décidât à ne plus nous entretenir
de cette chimère qui tourne le dos à l'économie politique du bon sens. Ne vous demandez pas si la vie
est à bon marché, — ce qui veut dire, pour ceux qui
en parlent, si les objets de consommation sont à vil
prix ; — demandez-vous s'il reste encore en France
des gens dont le salaire est insuffisant pour qu'ils
puissent consommer suffisamment. Là est la vraie

question, qui ne peut être abordée à propos d'huîtres.
Contentons-nous de répéter une fois de plus, en ter-
minant, que l'ostréiculture industrielle est bien décidément et bien certainement fondée en France,
grâce aux savantes études de M. Coste, fécondées
par la sagacité, la persévérance et, disons-le aussi,
le cœur des promoteurs associés de l'établissement de
Regnéville, Mlle Sarah Félix et M. L. Chaillet. Voilà
ce dont notre excursion dans la Manche nous a
laissé la profonde conviction.

ANDRÉ SANSON.

NOTE II

Note sur l'utilité d'adopter dans la construction
des navires, et des paquebots en particulier, un
programme réglementaire de sécurité pour protéger la vie des voyageurs et celle des marins.

L'extension des entreprises commerciales et le
mouvement de l'émigration ont multiplié dans une
grande mesure, depuis vingt ans, les transports de
voyageurs vers les pays d'outre-mer.

Des services de paquebots à vapeur, de plus en plus
perfectionnés sous le rapport de la vitesse, se sont
établis sur les routes nautiques les plus fréquentées.

Toutefois, à part quelques tentatives rudimentaires
dignes d'encouragement, pour obtenir l'isolement
d'une partie du creux des navires, on ne remarque
pas dans la pratique générale de progrès sérieux
au point de vue de la sécurité des passagers. Aussi
ne s'écoule-t-il pas d'année que l'on ne constate la
perte en mer de plusieurs paquebots de voyageurs,
soit par des abordages, soit par des accidents à la
côte, malgré les louables prescriptions des admini-

strations maritimes concernant les signaux de bord
et du littoral.

Pour un observateur sérieux et réfléchi, ces magni-
fiques paquebots dont la mer est couverte ne sont
en réalité que *de vastes cercueils* disposés pour ense-
velir au premier choc toute une population humaine
qu'aucune précaution efficace ne saurait aujourd'hui
préserver d'une perte certaine.

Quelle que soit la cause fortuite de ces fréquents sinistres, où tant d'existences sont subitement anéan-
ties, il est impossible de méconnaître qu'il existe une
cause permanente de naufrages dans la construction
des coques de navires, insuffisante pour protéger la
vie du personnel embarqué. C'est donc un devoir de
rechercher si cette construction correspond, sous le
rapport de la sécurité, aux ressources fournies par
l'état de la science et par l'industrie des constructeurs.

Avant d'autoriser un bateau à naviguer, il semble
que nous avons tout fait en constatant qu'il est en état
de tenir la mer. S'il s'agit d'un vapeur, on s'assure
en outre si les machines répondent aux exigences réglementaires.

Il existe en effet une législation spéciale qui sou-
met l'usage des machines à vapeur, dans tous les
ateliers de l'industrie, sur terre comme sur mer, au
contrôle des ingénieurs de l'État. Ces fonctionnaires
sont tenus de faire la visite sévère de ces engins et n'en

autorisent l'emploi que sous certaines conditions précises, bien définies dans un programme. Ces conditions de sécurité une fois satisfaites, l'industriel reste entièrement libre dans la construction, quant aux formes, aux dimensions et à la force de son appareil.

C'est grâce à cette surveillance tutélaire que la machine à vapeur, devenue désormais (sauf de rares exceptions) un agent docile et maniable en sécurité, a pu se multiplier à l'infini. On pourrait même avancer que, sans ce sage contrôle, la machine à vapeur n'existerait peut-être plus dans l'industrie, par suite des accidents innombrables qui en auraient fait interdire l'emploi.

Dans l'état expérimental de la science, et en présence des nombreux sinistres qui engloutissent chaque année PLUS DE QUATRE-VINGT MILLE VICTIMES, on est porté à se demander si une révision sérieuse des conditions actuelles de vulnérabilité dans la construction des coques de navires ne conduirait pas à l'adoption d'un programme de sécurité en quelque sorte absolue, par l'insubmersibilité des bateaux affectés au transport de l'homme, en respectant d'ailleurs la liberté du constructeur, quant à la forme, aux dimensions, au tonnage et aux qualités nautiques du navire.

Ce problème, la science seule peut le résoudre. Nous n'hésitons pas à affirmer qu'elle est en mesure de se prononcer avec autorité sur une question d'humanité intéressant au plus haut degré les relations entre les peuples.

Pour élaborer le programme de cette amélioration salutaire, il paraîtrait utile de réunir une commission internationale, composée de personnes versées dans l'art des constructions navales et dans les questions de navigation.

On obtiendrait ainsi l'expression de l'opinion collective des hommes les plus autorisés parmi les différentes nations maritimes. Cette collectivité représenterait un faisceau de lumières de beaucoup supérieur aux avis individuels. Ce serait en quelque sorte l'opinion résumée de tout le monde.

Le programme pourrait porter à la fois sur l'insubmersibilité des paquebots exclusivement consacrés au transport de l'homme et sur les moyens d'assurer complétement le sauvetage des équipages de tous les autres navires de commerce et bateaux de pêche.

Pour élargir le cercle de la coopération collective, la commission pourrait même mettre tout ou partie du programme au concours, se réservant d'utiliser des idées quelquefois bonnes parmi les propositions plus ou moins informes et trop souvent incomplètes des inventeurs.

Une semblable commission pourrrait être facilement réunie pendant l'Exposition universelle de 1867, et présenterait un programme d'application assurément à la hauteur des moyens dont dispose l'industrie contemporaine.

L'application de ce programme pourrait être placée, tant pour les navires existants que pour ceux à construire, sous le contrôle éclairé du même personnel actuellement chargé de la surveillance des machines à vapeur et des navires.

L'humanité, presque entièrement affranchie désormais du spectacle douloureux des catastrophes maritimes, se livrerait avec une expansion prodigieuse à l'exploitation des mers.

Thomé de Gamond.

FIN DE L'APPENDICE.

TABLE

CHAPITRE IX

CHAPITRE X

APPENDICE

FIN DE LA TABLE.

Paris. — Imp. P.-A. BOURDIER et Cᵉ, rue des Poitevins, 6.

www.ingramcontent.com/pod-product-compliance
Lightning Source LLC
LaVergne TN
LVHW012251170726
843503LV00002B/504